# 도망치는 책상

배종영 시집

시인동네 시인선 266  배종영 시집

# 도망치는 책상

시인동네

## 시인의 말

부덕을 뒤져 가까스로 찾은
덕(德) 한 올로
시를 짓는 사람이 되었다.

비 온 뒤 바닥에 고인 물과
납작 엎드린 눈 위의 바퀴 자국으로부터도
쓴소리를 듣고 싶었지만
책상은 자꾸 도망치려고만 했다.

세 번째 민낯을 상재한다.
아마도 주름이 몇 개쯤은 더 는 시편들이겠다.

처음과 같이 이제 와 항상 영원히,
베로니카와 손주 준우에게 이 책을 바친다.

2025년 11월
배종영

차례

시인의 말

## 제1부

협의 · 13
양문형(兩門型) 봄 · 14
모퉁이를 함께 돌았다 · 16
씨앗 자국 · 18
모란 혹은 작약 · 20
연기는 바람의 화살표 · 22
집 보러 다닐 때 · 24
불안한 귀 · 25
천렵 · 26
어우비 · 28
깃털 · 30
이불솜 · 32
짐작 · 34
양지쪽 · 36

## 제2부

혀는 귀보다 느리다 · 39

우려내는 일 · 40

도망치는 책상 · 42

꽃 핀 바닥 · 44

뭉쳐지는 것들 · 46

불의 보관 방법 · 48

북 · 50

사막의 나이 · 51

빈 등 · 52

홀수선 · 54

등대들 · 56

불빛 수선집 · 59

궤도 · 60

징후들 · 62

## 제3부

형편 · 65

윤슬 · 66

서성거리는 잠 · 68

여래불(如來佛) · 70

나무는 몸속에 불을 숨겨 놓고 있다 · 72

부사(副詞)들 · 73

말의 겹겹 · 76

폐사지(廢寺址) · 78

해수면 · 80

엎드린 소 · 83

상강 무렵 · 84

사람이 없는 시간 · 86

견인 · 88

쓸쓸한 직업 · 90

## 제4부

슬하 · 93

서설(瑞雪) · 94

벽을 문이라고 불러보는 · 96

등한시(視), 혹은 시(詩) · 98

그늘 패각(貝殼) · 100

착한 발자국들 · 102

말의 그림자 · 104

올가미 · 106

감나무는 키가 크다 · 107

비눗갑 · 108

살얼음 · 110

세수 · 112

나무라는 직업 · 114

날개 · 116

**해설** 이토록 아름다운 친화의 풍경 · 147
오민석(문학평론가·단국대 명예교수)

제1부

# 협의

사과 한 알 툭 떨어져
풀숲을 베고 눕는다

풀숲은 시퍼렇게 사과의 불법점유를 나무란다
공중으로 돌아가기 싫으면
풀숲의 성질로 편입해라
사과 속으로 들어오는 풀숲
시큼하게 물드는 사과의 맛

그 옛날 내 아버지의 입에서 풍기던 낮술의 냄새,
내가 처음으로 마신 음복술 냄새가 난다
사과는 육탈로 씨앗의 대(代)가 시작된다
버림으로써 비로소 얻는 대가다

십여 년 전 창녕 마산리 선산에 묻힌 아버지
지금쯤 순순히 흙과의 협의를 끝내고
편안하실까

## 양문형(兩門型) 봄

나비는
여닫이와 미닫이
두 날개를 갖고 있다.

보통 나비는 꽃을 열고 다닌다고 생각하기 쉽지만
사실은 닫고 다닌다.
꽃이 열어 놓은 문으로 기별 없이 들어가
한 철, 꿀 같은 동거가 끝나면
가만히 꽃잎을 닫고 나오는 것이다.

꽃보다 무거운 나비는 본 적이 없다.
나비는 자신의 무게를 몽땅 다
꽃에 얹지는 않는다.
꽃에 앉아서도 쉼 없이 날개를 저어
남은 무게는 펄럭이는 공중에 매달아 둔다.

   꽃과 나비는 전생과 현생, 또는 후생을 나비였다가 꽃이었다가 서로 번갈아 들르며 태어나고 또 죽는다. 그러지 않고서야 어찌 한 계절을 저리도 붙어 다니는 한 쌍일 수 있겠는가.

    나비효과라는 말,
    모든 꽃의 씨앗들은 다
    나비라는 말에서 나왔는지도 모른다.

나비 날개는 여닫이문이다.
날개를 펴서 봄을 열고
날개를 접어 봄을 닫는다.
그러나 한편, 봄의 손잡이를 밀고 다시 닫는
미닫이문이기도 하다.

누가 어찌 봄의 문을 열어 놓고 갔냐고
타박하지 말아라.
닫지 않은 그 문으로
나무들이 웅성거리는 여름이 들어온다.

# 모퉁이를 함께 돌았다

구름은 좀처럼
연서(戀書)에 끼이질 못합니다.
구름엔 모퉁이가 없고
쉽게 흩어지고 금세 어두워지니까요.

구름으로 초안을 잡았던 편지는 모두 젖어 있고 모퉁이는 잘 펴지질 않습니다.

길게 뻗은 길을 달려가는 차 한 대를
외줄의 먼지가 집요하게 따라갑니다.
그건 이미 사랑이 아닙니다.

사랑은 모퉁이를 함께 돌아야 합니다.
함께 구부러지고 막연한 저쪽을 함께 맞닥뜨려야 합니다.
또 가끔은 그런 모퉁이를 두고
이쪽과 저쪽으로 지내며 참아봐야 합니다.

모퉁이의 저쪽 혹은 이쪽이 궁금하다면

아직 사랑입니다.

햇볕은 돌아가며 사과를 쓰다듬어 붉어지고
파도는 깨진 돌조각을 수천 번 쓰다듬어 둥근 조약돌로 만듭니다.
모퉁이를 품어 모퉁이를 다듬는 일이 곧 사랑입니다.

수많은 모퉁이를 함께 돌면서
뾰족하던 중심들이 가지런해질 무렵
모퉁이는 닳아 둥글어집니다.
저 너머 막연하던 짐작(斟酌)도 보이기 시작합니다.
이쪽과 저쪽은 이제 든든한 근처(近處)가 됩니다.

꽃잎 위에 불현듯 누군가의 얼굴이 포개질 때,
같이 걷던 오솔길 어디쯤 그의 흔적이 느껴질 때
이미 모퉁이는 없습니다.
모퉁이를 도는 동안 모퉁이가 사라졌습니다.

## 씨앗 자국

잘 익은 살구 하나 깨물었더니
단단한 씨가 쏙 빠져나오고
씨 박혔던 자리엔
씨앗 자국이 움푹하게 남아 있다.

익기 전의 살구씨는
과육에 딱 붙어서 잘 떨어지지 않는다.
씨가 여물 때까지 과육은 씨를 품어 키운다.
신맛 떫은맛 다 참아가며
묵묵하게 또 달달해져 간다.

늘그막의 아버지는 유난히 말랑해졌고
나는 또 유난히 딱딱해졌다.
우리는 이제
단맛이 다 옮겨간 씨앗이거나
시고 떫은 맛을 온통 버린 과육쯤 되는 것이다

그때 배운 말들은 달게 익어가는데

시금털털한 말들은 어떻게 제풀에 떨어졌을까.

살구가 익으면 과육과 씨앗은
서로 정을 떼는 시기,
단단해진 씨앗은 과육을 떠나고
움푹 팬 씨앗 있던 자리가 유독 붉다.
내가 떠난 아버지의 과묵한 빈자리도 그러했을까.

과육의 시절을 어떻게 지나왔는지
씨앗의 시절을 어찌 건뎌왔는지
아직도 나는 잘 모르겠다.

## 모란 혹은 작약

비슷한 꽃을 놓고
이게 그거냐, 그게 이거냐를 따지고 있을 때
누군가 명쾌한 답을 내놨다.

작약도 모란도 그 뿌리는 모두
몇몇 고질병에 좋다는 약재지만
겨울에 자취를 숨기고 있으면 작약이고
앙상하고 늙은 정취를 한껏 웅크리고 앉았으면
모란이라고 했다.

모란이 얇은 바람인 양 휘청이다 가고 나면
그 있던 빈자리에 뒤이어 작약이 선다.
그러니 이 두 꽃은 어느 계절이건
만난 적도, 만날 일도 없다.

헐레벌떡 작약이 달려와도
모란은 이미 가고 없다.
그 아슬한 사이란 시시한 지병처럼 아프다.

같은 봄을 지나면서 생면부지의 사이라니,
사월을 깨우면 모란이고
그 사월이 지칠 때쯤 작약이 온다지만
어제 갔다가 오늘 다시 온 것처럼
모란과 작약은 최선을 다한 자세로 핀다.

마치 하나가 다른 하나의 빙의같이
해마다 봄이 오면
모란은 또 모란으로 찾아오고
작약은 다시 작약에서 돋는다.

마치 여러 번 오갔다는 듯이,
한 번도 그 길, 그 순서 잃은 적 없다.

## 연기는 바람의 화살표

바람을 끌고 나아가던 연기가
바람 속으로 흩어진다.

바람은 자기가 머무를 수 없는 대기권 밖까지
연기를 옮겨놓곤 사라진다.
그런 연기는 바람의 화살표 같아
저녁 무렵의 어둑함이 모두
그쪽으로 몰려가기도 한다.

연기가 손짓하는 방향으로 바람이 가거나
발자국도 없이 연기가 바람을 이끈다.
누가 누구를 이끄는 것일까.
바람의 뼈는 참으로 연약하다.

연기는 바람의 혼(魂)인가,
바람의 붓끝으로 쓰는 공중의 실체인가.

태워서 가벼워진 딱 그만큼 무리 지어 간다.

태우고 남은 잿빛 색깔로 구름으로의 편승을 꿈꾼다.
바람이 잠잠한 날엔 굴뚝 근처가 맵지만
숲은 늘 그런 굴뚝이 불안하다.

아무리 질긴 줄기나 두꺼운 나무토막을 태워도
연기는 말랑하고 부드럽다.
작은 틈도 무시로 드나드는
그런 연기 속에는 가시가 들어 있어
눈 속에 들였다가는 따끔거리는 일을 겪기도 한다.

저녁 무렵 어스름 들판
볏짚 태우는 연기가 흐느적거리며
어둑한 바람을 운반하고 있다.

## 집 보러 다닐 때


 며칠 동안 이사 갈 집을 보러 다닐 때 머릿속은 온통 둘러본 집보다는 버릴 것들로 가득했다. 새로 마련할 자리들은 조금씩 더 크거나 더 좁아서 헌것들은 잘 맞질 않았다. 심지어 새것들도 마찬가지어서 깎고 덧붙여서 들여놓을 자리들을 몇 번이고 가늠하게 했다.

 넓고 새것들이 가득한 집, 햇볕은 싱싱했고 창문들도 깨끗했지만 왠지 조금씩 좁고 마음에 들지 않는 것은 내 마음 한구석이었다. 다만 한구석뿐인 그곳엔 크고 작은 미련들이 가득해서 버려야지 했던, 조금씩 맞지 않는 구석이나 귀퉁이들이 수북이 쌓여 있는 것이다.

 새로이 집을 구해 이사 갈 때마다 가구들은 닳았고 놓일 자리들과 들어낸 자리들은 서로 장소들의 구조를 나 몰라라 했다. 그러므로 집 보러 다니는 일 그것은 집을 넓히는 일이 아니라 손때 묻은 것들을 내칠 수 없어 마음 한구석이 점점 좁아지는 일이었다.

## 불안한 귀


 아파트 삼 층 창문으로 내려다보이는 얕은 숲에 고라니 한 마리 칡넝쿨 이파리를 뜯고 있다. 나는 세상의 밖인 양 숨죽인 채 자신의 적요에서 풀을 뜯는 고라니를 한참 바라보는데 불안의 바깥을 배고픈 안쪽으로 넘기는 초식동물들의 귀는 꼭 나뭇잎이나 풀 끝을 닮았다. 바람이 불면 살짝 흔들리는 그런 이파리를 닮았다. 입을 우물거리면서도 쉴 새 없이 움찔거리는 귀, 바람 한 점 없는 여름 숲에 황갈색 불안이 가득하다. 불안은 확대경 같아서 모래알도 자갈밭을 구르는 소리를 내고 풀 끝들의 기척에도 천둥을 친다. 먼 곳도 가까이 불러 곁에 두고 살핀다. 종국에는 숨죽인 관찰자까지도 들키고 말 것인데 불안에 흔들리는 귀, 바스락거리는 기척 쪽으로 열어놓고 합장하듯 두 귀를 모으기도 한다. 그러다 가끔 쫑긋거리며 귓속에 가득 고인 불안을 털어낸다. 불안은 가장 큰 적이지만 그 불안에 기대어 사는 초식동물들에겐 귀가 대문이고 자물쇠이고 경비원이다. 여름 숲 한 귀퉁이가 뜯긴 칡넝쿨처럼 파치나 있다.

# 천렵

물의 가장자리를 뒤지는 놀이다.
또는 여울을 뒤지기도 한다.

물의 한 갈래를 막고
지느러미를 잡으려 했었다.
그러려면 그물 사이를 빠져나가는 물살쯤은
모른 척해야 한다.

반바지에 러닝셔츠를 걸치고
발과 미끄러운 무릎 아래를 온전히 담가야 한다.

한때의 즐거운 놀이란
물비린내가 진동하는 일이다.
다만 놀이에 젖어 있을 때는
비린내를 들이키지 못할 뿐이지만
물의 가장자리, 수초들을 뒤질 때
멈칫멈칫 흙탕물이 깊다.

물은 그 마을의 관습처럼 흘렀고
여울을 뒤질 땐
기우뚱, 넘어지려고 하는 물이끼를 조심해야 한다.
미끄러운 발로 미끄러운 지느러미를 쫓는 일은
늘 미끄러운 일이다.
다만, 누구는 그물을 피해 도시로 빠져나가고
또 누구는 번쩍 들어 올린 그물에서 파닥이는
민물의 내력으로
물의 갈래를 틀었을 뿐이다.

# 여우비

봄 햇살 환한데
추레한 여우의 털 같은 빗줄기
부슬부슬 내린다.

미처 챙기지 못한 우산
여우비 맞고 마루에 앉았다.
아직은 쌀쌀한 삼월
젖은 옷가지에서 으슬으슬
여우 털이 돋는다.

여우 같다는 말 속의 여우는 왠지 친근하다.
여우 같은 마누라와 여우 같은 새끼

여우는 자주 시샘한다.
봄 햇살이 너무 밝아 그냥 갈 수가 없어
젖은 꼬리를 흔들어 여우비를 내린다.
여우가 시집간다니
그를 사랑했던 구름이 운다.

여우는 날렵하다.
오전과 오후가 자리바꿈하는 눈 깜짝하는 사이
여우비는 홀연히 사라진다.
젖은 채 머물던 여우비모텔을
순식간에 빠져나온다.

축축하고 눅눅한 느낌,
여우에 홀린 느낌이 이런 거라면
애인을 만나러 조급하게 달려가던 그때
후덥지근 땀에 젖던 그 느낌과 흡사하다.

여우라는 말만 들어도
삼월이 두근두근거린다.
비스듬히 여우비 지나간 자리에
여우 발자국 같은 꽃들이 피고
꼬리 같은 이파리들이 돋는다.

## 깃털

새 한 마리
느닷없이 튀어 오르듯 날아가고
가벼운 깃털 하나
첫눈처럼 떨어져 내렸다.

미련 없다는 것
필요 없다는 것
저리도 가벼운 것일까.

깃털은 너무 가벼워
제자리 지키기도 어려운 것
바람의 사소한 철자법인 양
순식간에 날아가고 없다.

지루하게 들고 다니던 일 하나,
있는 힘에 안간힘을 보태 무겁게 내려놓은 후
나의 본령(本領)이란
버려야 할 것의, 겨우 이 할쯤 된다는 것을 알았다.

치렁치렁 달고 있는 걱정과 압박들,
그 소용없는 것들에 소용을 두고 골몰할 것이 아니라
무거운 것들을 가볍게 부리는 법을 배울 일이다.
그리하면 사라진 자리에 날개가 돋아
한때 한 몸이었던 것조차 뒤돌아보지 않는,
몸 흔들며 날아가는
깃털이 될지도 모르는 일

힘겹게 버렸던 무게가 다시 조금씩 자라나
허깨비처럼 텅 빈 것들을
천 근의 무게로 지고 있지만
무용한 집착으로 의무와 책임을 붙들고 있을 뿐
후 불면 날아갈, 나는 한낱
어떤 굴레의 깃털인 것을 안다.

## 이불솜

이불깃을 끌어 올리면
새의 앞가슴이 생각난다.
그곳은 꿈의 입구
캄캄한 밤이 포란되는 곳

새는 날아다니는 이불이어서
가끔 껑충한 두 발이
이불 밖으로 삐죽 빠져나올 때도 있는 것이다.

무심히 던진 말 한마디로
돌아누운 이불깃이 파르르 떨린다.
새의 깃털처럼 흐느낄수록
사복사복 눈은 쌓이고
젖은 깃털은 등 돌린 채 돌아올 줄 모른다.

새는 날아다니는 솜
이불깃은 공중이 시작되는 곳
흰 눈의 포란기가 끝나면

봄꽃들이 피어 올라온다.
공중을 부유하던 꿈이 마침내 부화하면
다정을 돌돌 말아 가난을 이기던 곳
이불로 캄캄한 나이를 먹었다면
이불 속엔 지나간 시절이 있다.

새는
날아다니는 한 채의 누옥(陋屋)이다.

## 짐작

한지에 한 방울 먹물을 떨어뜨리면
스며들듯 퍼져나간다.
한쪽이 다가가고
다른 한쪽이 가만히 받아들이는 것이다.

스며든다는 느낌은 바깥에서 안쪽을 향하는 것 같지만
먹물은 안쪽에서 바깥으로 퍼져나가면서
또 스며든다.

짐작이란 그런 것이다.
나라는 정점에서 마치 선염법(渲染法)처럼
타인에게 혹은 외연으로 번지는 일이다.
걱정거리도 그와 비슷하지만
그건 조금 더 빠르거나 도드라져 있다.

넘겨짚는 일도 알고 보면 그 중간이 슬쩍 비어 있고
그 빈자리를 성큼성큼 건너뛰는 것이다.
익다가 만 과일들의 색깔도 짐작한 일일 확률이 크다.

소리나 냄새를 따라가는 짐작도 있다.
비명은 무서운 것이나 뾰족한 것에 찔렸다는 것이고
고약한 냄새는 한 귀퉁이가 상했다는 뜻이다.

귀를 쫑긋 세우고 코를 벌렁거리며
살갗에 닿는 공기를 듣거나 읽으며 간다.

봄의 짐작은 나비쯤 되고
먹구름과 천둥은 비를 짐작한다.
그립다는 말은 누군가가 곁에 없다는 것이고
모퉁이는 어떤 불시(不時)를 짐작한다.
잘 보이지 않는 어둑한 길을
사람들은 무수한 짐작으로 걷는다.
때로는 엉뚱한 곳에 도착하는 경우도 있지만
짐작의 속도는 나만 안다.

# 양지쪽

 오랜 병석을 털고 일어난 노인이 양지쪽 평상에 앉아 있다. 먼 곳을 바라보며 앉아서 두 손을 번갈아 만지작거리고 있다. 지난겨울 동안 노인은 저 손으로 허공의 죽음을 몇 번이나 움켜쥐었었다.

 그런 두 손을
 욕봤다, 욕봤다,
 만지작거린다.

 덥석, 반가운 혈육의 손을 잡듯 잡은 손 안쓰러워 놓지 못하듯 서로 위로하는 두 손 햇살의 굵기도 굵어지고 밀반죽 펴놓은 듯 노곤한 잠은 넓어지는데 양손에 가득 묻은 양지를 만지작거리는 노인 어룽어룽 번지던 두꺼운 그늘을 잡던 손 헐거워진 손바닥에 어렴풋이 새순 하나 돋는다.

 오늘만 같아라.
 햇살도 만만하기만 한,
 헤프기만 한.

# 제2부

## 혀는 귀보다 느리다


돌 지난 아이에게 한글을 가르친다.
글자판의 '꽃'을 선창하면
아이는 '꼼'이라고 따라 한다.
내가 웃으며 다시 '꼼'이라고 하면
아이는 그게 아니라며
깔깔대고 웃는다.

갓 돌 지난 입은 바쁘다.
한입 가득 엄마라는 호칭을 물고 있어야 하고
맛있는 것 수시로 삼켜야 하고
또, 울먹울먹 자주 울어야 하고,
그래서 혀는 귀보다 느리다.

아이는 말을 귀로 배운다.
말은 잠시 귀에 머물렀다 입으로 간다.
잘 안 되는 발음,
그건 혀가
온몸에게 양보한 몸짓이다.

## 우려내는 일


무엇을 우려낸다는 말은
먹기 위한 것과
먹지 못하는 맛을
밖으로 끄집어내는 일로 나뉘는데
그 두 가지 일엔 반드시 물의 역할이 따른다.

물들이거나 물 뺀다는 말은
색깔이 그 주인이겠지만
그 또한 물의 조력이 있어야 한다.
물로써 물을 받아들이거나 지우는 것이다.

예로, 김칫독에 밴 붉은 맛은 속까지 파고들어 쉬 나오려 하지 않는다. 묵은 김치를 꺼낸 뒤 텅 빈 독을 부어놓고 구름과 하늘 또는 오전과 오후, 심지어 몇 날 밤의 달과 별이 담겼다 가야 이도 저도 아닌 빈 항아리가 된다.

누군가 맹맹하다와 밍밍하다를 놓고 고민하는 동안
항아리는 본래의 빈 냄새가 된다.

그러나 어머니라는 말처럼 바닥까지 다
우려낼 수 없는 경우도 있다.
평생을 삶은 사골마냥 숭숭, 구멍이 나도
아직 우려줄 것이 더 남아 있어 어머니는 애달프다.

누군가의 속에 짙게 밴,
한 사람의 이름을 빼내는 일은
그 이름을 들인 일까지 다 우려내야 비로소 잊힌다.
이런저런 다른 일들을 그가 있던 자리에 들여놓고
매일같이 물 갈아 주듯
자주 버리고 또 담기를 거듭해야 비워진다.

우려내는 일은
마치 아무 일도 없었던 것처럼
처음의 빈자리에 복무하는 것이다.

## 도망치는 책상

 책상은 보통 불확실한 미로를 헤매다가 출구를 찾아내는 도구로 쓰이지만, 세상엔 그와 달리 유명세를 떨치는 책상들도 많다. 종전(終戰) 협정에 사용된 것들이나 콧수염을 닮은 서명, 경례의 자세를 닮은 서명이 새겨진 책상들 또는 자신이 이룬 치적을 명예로운 명패로 뽐내는 경우가 그렇다.

 내가 겪은 몇 개의 책상 중엔
 스스로 못을 뽑고 도망친 책상들이 있다.
 어떤 것은 참을성이 많았지만
 대부분은 성급하고 게을렀다.

 젊은 한때 미혹 속에서 오래 방황하던 내게서 책상은 견디다 못해 달아나 버렸다. 내가 책상을 팽개쳤다고 생각했지만, 알고 보면 책상이 나를 버리고 도망가 버린 것이었다.

 그렇게 오래 믿었던 책상이 떠나고 이제
 새로운 책상이 놓였다.
 조금 살이 찌고 제자리를 고집하는 책상이지만

소의 잔등 같고 저녁 무렵 노을 같은
아주 믿음직한 책상이다.

사유하는 팔꿈치 밑에서 닳아 해지고 싶은,
도망친 그 마음을 안다.
이젠 내가 책상으로부터 도망칠 날을
고요히 기다리는 것이다.

## 꽃 핀 바닥


바닥이 제철인 것은
질퍽한 여름이나 무릎까지 쌓이는 적설의 경우처럼
대체로 날씨가 궂을 때다.

그러나 그중에서도 바닥의 제철은 단연
꽃잎 쏟아놓는 초여름이다.

이맘때 공중은 후덥지근해서 비좁고
시시때때로 내리는 빗줄기로 꽃잎들 날아갈 틈이 없다.
스스로 만든 바닥 그늘로 뛰어내려
돋움도 없이 온통 풀어져 쌓였다.

바람도 없는데 빙그르르 곡선으로 내린다.
저 꽃잎의 조립을 푼 것은, 익을 대로 익어 지친 제풀이다.
제풀의 감당으로 꽃잎은 매듭을 열어
설레는 자유 쪽으로 비켜 앉았다.
그러므로 마땅한 적기란 또 얼마나 유용한 도구인가.
배운 적도 없는 제때를 제가 알아

분분하게 산화하는 개화

갈 때는 꽃잎들 모두 잡았던 손 놓고 뿔뿔이 간다.
지는 것이 아니라 낮은 곳에 몸 내려
다시 한번 피어나는 것이다.

안 보이는 틈틈이 몽땅 풀어놓은 반그늘 같은 수고
보라, 폐허도 때론 눈부실 때가 있다.

바닥은 낮을수록 깊어 저녁 빛을 배경으로
자책도 한탄도 없이 저의 자멸을 내려다보는
담담한 빈터들이다.

## 뭉쳐지는 것들

미루나무 우듬지에 까치집 하나가 뭉쳐지고 있다.

우주의 한 지점처럼
멀리서 물어 온 나뭇가지들을
며칠째 뭉치고 있다.

사람들은 불빛을 뭉치고 말을 뭉치고
서먹하던 간격을 뭉쳐서 이웃이 된다.
사과 한 알로 모여드는 빨간 햇살들처럼 모두
단단하게 뭉쳐 하루를 버틴다.

 공기가 뭉쳐 공으로 구르고 빗방울이 뭉쳐 물길이 되듯 쓸모없는 천방지축들이 뭉쳐 훌륭한 소용(所用)이 되기도 한다. 떠놀던 우주의 먼지가 뭉쳐 반짝이는 별이 되고 폴폴 날리던 곡식의 가루가 뭉치면 뗄 수 없는 반죽이 된다. 뭉친다는 것은 느슨한 사이를 바짝 당기는 것, 벽에 막힌 낭패도 골똘한 궁리를 뭉치면 길이 생긴다.

혼자 몸이 둘, 셋이 되고 다시
아버지의 헛기침 하나로 도열(堵列)하는 가족이 되지만
뭉쳐지는 일엔 그러나 평행이 없다.
모서리의 뿔과 수많은 굴절이 모여 뭉치가 되고
그 얽힌 뭉치의 실마리는 어느 날
그들 중 누군가에서 찾아진다.

간혹 깨끗한 어린 울음 하나가
매듭진 사이를 푸는 것을 본다.

## 불의 보관 방법


오래전 늙은 도공이 빚어놓은
불 한 줌을 고이 모셔놓고 있다.

불은 온갖 음식을 담아 먹기도 하지만
잘 보관된 불은 물을 담아도
꺼지지도, 식는 소리도 나지 않는다.
다만 불은 잘 깨지는 습성이 있어
오래 깨지지 않는 불일수록 그 값이 비싸다.

활활 타오르는 불꽃을 달래어
차분히 가라앉은 그늘에 앉혔다.
무엇을 불에 굽는다는 것은
몸속에 그 불을 다져 넣어 연단시키는 방법으로
스스로 불이 되는 것이듯
어떤 불은 바닷속에서 몇백 년 동안 깨지지 않고 보관되기도 하는데
이는 곧 물이 불을 보관한 것이다.

뜨거운 화기가 조금도 남아 있지 않은
 순도 높은 푸르스름한 불
 정점을 견딘 불은 무질서한 굴곡들을 부드러운 곡선으로 다듬어 그 표면이 매끈하고 차다.
 온갖 화(禍)를 화(火)로 다스린 것이다.

 세상의 모든 불이 멸종되고
 누군가 새로운 점화법을 발명해 낸다면
 저 불의 덩어리로 다시 활활 불 피울 수 있을까.
 몇백 년 동안 꺼트리지 않고
 불 보관하는 방법을 발명해 낸 이는
 어쩌면 그 불, 절대 깨지지 않는 방법도
 알고 있지 않았을까.

# 북

한 마리 짐승에게서
내장을 빼앗고 털을 뽑고
입과 항문을 꿰매고 나면
멀리 달아나려는 둥둥,
북이 된다.

입과 항문이 없는 북
두드리면 바로 뱉어내는 북소리
소화(消化)가 없어 바짝 마른 가죽들은
다 악기가 되는 걸까
북소리는 방향이 없다.
눈이 없어 사방이 방향이다.
발을 버렸으니 뜀의 속도는 무의미하다.

죽고 비워서 비로소 태어난다.
북의 가슴엔 공허,
내장 있던 자리에서
공명을 운다.

## 사막의 나이

  그곳은 미성년 남자의
턱 같다.

  사막이란 물이 뒷걸음으로 물러난 자리거나 푸른 문명을 뒤쫓아 그 꽁무니를 야금야금 갉아먹는 존재다. 고대의 영화가 묻혔으니 분분한 시샘처럼 모래가 뜬다.

  모래는 몇 마리 낙타의 발자국을 조금씩 뜯어먹고 구릉과 구릉을 살찌운다. 불모의 둔덕, 바람에 몸을 맡겨 때로는 칼날로 일어서고 때로는 젖무덤처럼 부풀어 오른다.

  인간의 매장(埋葬) 풍습은 아마도
사막에게 배운 것일 것이다.

  사막은 한밤에 자신의 나이를
물결처럼 새기며 논다.

## 빈 등

낙타의 빈 등을 보면
어딘가에 짐 부려놓고 홀가분하게
돌아가는 길 같다.

그 빈 등에 힘겨웠던 발목 고이 태우고 헐렁헐렁 걷는다.
마침, 밤하늘엔 움푹 등이 비워진 초저녁달이
보름쯤에 있다는 만월을 실으러 가고 있다.
그러니 헐거워진 그 빈 등,
또 다른 짐을 위해 잠시 비워둔 자리일 뿐이다.

주인 손엔 가벼운 고삐가 쥐어져 있고
산다는 것은 큰 짐 덩어리를 작은 부피로
줄이는 일이라며 하염없이 걷고 또 걷는다.

구부정한 노인 하나, 반환점을 돌아가듯
얼마 남지 않은 걸음
빈 유모차에 태우고 매달려 가는데
종착지에선 저 빈 등마저 내려놓을 것이다.

가던 길 어디쯤에서
온 길을 되밟는 것이 돌아가는 일이라면,
낙타나 사람이나 돌아가는 길은 다 내려놓고 가는 길이라면
언제부턴가 나도 모르게 돌아가고 있는 그 길이
꼭 무거운 길만은 아닌 것 같다.

모든 길은 어두워지면 쉬고
빈 등에 얹힌 달빛,
밤은 낙타들의 등이 눕는 편안한 우리다.

만월을 실어 나르느라 고단한 달의 잔등에도
거뭇한 굳은살 박여 있다.

## 흘수선

오리는 침몰하지 않는다.
밥은 치열한 생 쪽에 차려져 있으므로
오리는 물속에서 죽지 않는다.
고요한 물의 수면을 타는 오리는
앞가슴으로 물속을 고르고
이내 자맥질 끝에 물고기를 물고 나온다.
불룩한 염통을 흘수선인 양 띄워놓고 너울을 탄다.
말하자면 한 척의 배처럼
물에 묶인 생이다.

식은밥 물에 말아 한술 뜨다 보면
목구멍이 흘수선이다.
어른거리는 물속을 살피듯
끼니라는 말에는 어른거리는 눈물이 맺히기도 한다.
자박자박 소리 나는 곳,
그 목구멍을 밀고 자맥질하며 간다.
바람 불어 일렁이는 풍랑 속을 무자맥질 하며 간다.
흘수선이 들쭉날쭉하듯

물밑에선 물 갈퀴질이 필사적이다.
치열(熾烈)을 딛고 선 고요다.

호수는 넓은 밥상,
갈퀴 발로 발품을 팔아 흘수선을 밀고 간다.
뒤따르는 물줄기는 구겨져 있다. 그건,
뭉툭한 부리로는 물을 찢지 말라는 뜻
흘수선에 찢긴 호수 금세 봉합된다.

밥은 늘 흘수선 너머에 있다.
흘수선을 허물어 숨을 멈출 때
비로소 끼니 하나를 얻는다.
사람들은 때로는
만재흘수선을 넘어 침몰하기도 한다.

## 등대들

사막에선 꼭 기억해야 할 장소가 있으면
낙타의 새끼를 죽여 그곳에 묻는다고 한다.

지극한 모성이 찾아가는 위도와 경도,
망망대해의 한 지점과 같은
별자리가 관리하는 장소들이 있다.

한 치의 오차도 없이 찾아오는 꽃과 열매들,
숲속 나무들은 다 계절의 등대들 같다.

사실 넓고 종잡을 수 없는 곳이라면
사람의 마음만 한 곳도 없다.
그런 마음에 결심이나 다짐이 다져놓은 지점들은
노력이나 실천을 말없이 견인해 가는
등대 같은 곳들이다.

먼 객지를 떠돌다 찾은 고향 집의 한 점 불빛
묵묵한 등대들이지 싶다.

적재적소에 서 있는 제 자리는
얼마나 힘이 센가.

대문 밖에 웅크린, 돌아온 아들에게 내밀던 당신의 가슴은 방황하던 푸른 시절 뱃고동 소리에 안도하듯 내게는 늘 등대였다는 것을 난파 직전에야 알았다.

지금 보면 그건,
밤길의 어눌한 부위를 비추던 손전등 같기도 했다.

혹여 계절 따라 옮겨 앉은 별자리를 다그치지 마라.
탓하는 네 시선이 삐뚤어진 것이다.
살짝 빗나간 것들,
그건 내가 기울어졌다는 뜻이다.

밤새 시끄럽게 울어대는 봄밤의 웅덩이를 타고
여름으로 입항하는 아카시아꽃들이나

고인 눈물로 모여드는 맑은 밤의 별자리들은 모두
물 한 방울 없는 사막에서 만나는 등대일 수 있다.

잔잔한 수면 밑에
울퉁불퉁한 속사정들이 있다고 알리듯
일생의 방향이 없다면 꼭
몇 개의 별자리들을 지참해야 한다.

## 불빛 수선집

　저녁 무렵은 능숙한 불빛 수선집이다. 어떤 불빛이든 한낮의 빛 속에선 낡고 허름하지만 저녁 무렵이 되면서 귀퉁이 깨지거나 해진 불빛들이 어둠 옆으로 모여든다. 깨진 유리 창문 속 불빛도 정전에 켠 촛불도 모두 어둠 속에서는 새것인 양 선명해진다. 캄캄한 미로 같은 세상에 그런 불빛 밝은 창문 딸린 집 한 칸 장만하자고 모두가 묵묵하지 않는가. 하루의 피곤을 수선하듯 불빛 한 점의 문을 열고 들어가서 똑딱, 스위치처럼 잠들지 않는가. 어둠이 야금야금 노을을 살라 먹고 올 때 불빛은 두근거렸을 것이다. 환호(歡呼)도 작약(雀躍)도 아닌 척하며 설레었을 것인데 무렵을 지난 어둠에선 모든 불빛은 평등하다. 어둠 속 한 줄기 불빛으로 매일매일의 안쪽들이 수선된다. 보통 어둠 속에 있을 때, 어두워 더듬거리는 사람들만이 불빛의 심지를 돋울 수 있는 것이다. 사람들은 별을 본받아 밤에 더 밝아지려 하니 그나마 다행 아닌가.

# 궤도

두 개의 큰 별 사이를
돌고 있다는 생각이 든다.

아마 나, 라는 이 작은 별도 따져보면
저 두 개의 큰 별 중
어느 한 곳에서 튕겨 나왔을 것이다.
작은 귀퉁이가 떨어져 나오듯 그렇게 말고
온갖 물질들을 조금씩 보태어
똑 떼어져 나왔을 것이다.

가까운 곳에 있다는
몇 개의 별을 살펴봐도
동그란 것들을 받아들인 흔적들이 많다.
받아낸 만큼 또 내보냈을 것이다.
외연(外延)에 외연(外緣)으로 두려 했을 것이다.

일정한 간격의 미간(眉間)이 조화롭듯
적당한 거리만큼 적절한 보육들이 또 있을까.

은근하게 밀어내는 힘으로
자전(自轉)하게 하는 그 관계들
사방(四方)이 방향인 둥근 것들을 어떻게
한쪽만 바라볼 수 있나.

그러니 중력을 묻혀 돌게 해야지
앞뒤 없이 돌면서 마주치게 해야지

라그랑주점(Lagrangian point)에서 별들은 균형을 이룬다.

사람이 수 많은 사이들로 생겨나고 또 사라지듯
별도 사람도 끊어져야 다시
연결되는 것이다.

징후들

고추잠자리를 많이 잡은 날은 손가락 끝이 매웠다.
개구리를 잡은 날은 손가락마다 물집이 잡혔다.

귀밑이 유난히 시린 겨울,
그 겨울이 지나고 나면 흰 머리카락이
희끗희끗 보였다.

징후들은 한동안 사람을 따라오다 어느 시절이 되면 되돌아간다. 예감과 징후는 달라서 몸 여기저기가 아픈 것은 곧 사람을 벗어난다는 징후이고 혼잣말이 잦으면 곧 말이 바닥난다는 징후다.

할머니는 한동안 치아가 없는 말을 하더니
이내 말이 없는 존재가 되었고
허공을 바라보는 날이 계속되면
머잖아 그 빈 하늘로 떠난다는 징후다.

제3부

## 형편

형편이라는 말을 입속에 물고 있으면
왠지 혀끝이 쓸쓸하다.
그 말끝에 꼭 쯧쯧 혀를 차던 어머니처럼
내가 알지 못하던 형편들이 못내 걱정스러운 것이다.

반쯤 쓰러진 채 태풍은 비스듬한 나무로 버티고 있는 형편, 저녁 무렵의 형편으로 기울어진 그림자 길고 엷다. 형편이라는 말엔 좋다, 와 나쁘다, 가 함께 붙어 있지만 대개 걱정 쪽으로 넘어진다.

형편은 얼굴이나 축 처진 어깨에 얹혀 있다. 문득, 나의 형편들을 떠올리면 그 누구의 혀끝을 꽤 쓸쓸하게 했을 것이라는 생각이 든다.
한번 구겨진 형편은 고분고분 잘 펴지지 않는다.
비스듬한 형편에도 기댈 수 없을 때
그냥 말없이 수평으로 눕는다.

잘 알지도 못하는 일들로 혀끝이 쓸쓸할 때가 있다.

윤슬

물의 껍질이라 생각했다.
셀 수 없는 물의 비늘이라고도 생각했다.
반짝거리는 것들의 밑은 얼마나 깊은 곳인가.
뒤척뒤척 한참을 올라온 물의 밑바닥이 햇살과 만나
다시 하늘 밑이 되는 물의 껍질

그렇다면 세상의 모든 껍질 밑은
또 얼마나 깊은 곳인가.
뱀의 비늘 속, 아득한 한 방울
독(毒)의 거처 같은 그곳
낚아챈 손아귀 속에서 빛나던
잠자리 날개 같은, 또는
그 날개 밑 아득한 한 줌 온기 같은 윤슬

윤슬은 물의 끝
사람이 무서워 숲으로 도망치는 뱀처럼
호명(呼名)을 피해 산으로 도망친 이름들
지상의 나무 끝에 쉽사리 내려앉지 못하는 날개

걸어서는 갈 수 없는 저기 저 먼 곳에서 빛나는 윤슬
떠도는 이름들을 저 위에 내려놓으면
글썽이는 눈썹의 끝에서 흘러내릴
또 다른 윤슬

일렁이며 보듬고 있는 속살이 햇살이어서
바라볼 뿐 다가갈 수 없는
봄의 날개 밑, 반짝이는 건
은사시 이파리 가득한 사월의 수평선
혹은 물고기의 등

## 서성거리는 잠

나는 태어날 때부터 바쁜 사람이었다.
오죽하면 처음 어머니 뱃속에 들었을 때도
어머니의 입속에서 오래 놀았다고 한다.
지긋지긋한 입덧이었다고 한다.

어느덧 태어나서는
요란하게 우는 울음의 힘을
두 발과 두 팔에 넣으려고 바동거렸고
그럴 때마다 어머니는 나를 업고 서성거렸다.

서성거리는 잠,
아직도 그 잠을 잊지 못해 나는 자주 뒤척거린다.
애기를 업는 일은 한없이 기쁜 일이지만
나를 업었던 어머니를 업는 일은 아픈 일이다.

처지라는 것, 꼭 한번은 뒤바뀌는 법이어서
내 옹알이, 어머니의 박장대소 속에 자랐는데
당신 늘그막엔 어쩌다 내 입속에서

천덕꾸러기 잔소리로 지내시는지.

오늘 하릴없이 뒷짐 지고 서성이는데
늙은 아이인 듯 잠든 햇살인 듯
등이 따듯하다.

아,
어디까지 서성이다 깨어나는 잠일까.

## 여래불(如來佛)

저기,
무수한 대답이 앉아 계신다.

사람의 염원이
돌 속으로 들어가는 데 몇천 년
그 염원이 대답이 되는 데
또 몇천 년
그리하여 그 대답이 표정이 되는 데
몇천 년이 또 걸린다.

우리는 질문으로 몇천 년
대답으로 또 몇천 년을 떠돌고 있는 것일까.

무릎 꿇은 삼천 배가
사람의 몸속으로 들어온다.
시공으로 닿아가는 응답
그렇게 생겨난 응답이
우연한 길일이 되고 허락의 몸짓이 된다.

불경(不敬)이 불경(佛經)이다.
세상에 망치 맞지 않은 석불은 없을 것이다.
사람의 불경에는 가끔
망치로 제 손을 때리는 일이 있다.

여래불,
눈 한번 찡긋하는 데
또 몇천 년이 걸리는 표정은 느리고
파릇한 이끼가 낀 얼굴은
매년을 두고 빠르시다.

# 나무는 몸속에 불을 숨겨 놓고 있다

  침엽수든 갈참나무든 나무들은 모두 멀리서 보면 불길 모양이다. 일렁이는 파도처럼, 여름 한철 파란 불길이다. 붉은 불길도 자세히 보면 그 깊은 속엔 불꽃의 씨앗 같은 파란 불꽃을 숨겨 놓고 있다. 나무들은 또 흰 연기도 함께 숨겨 두고 있다. 그렇다면, 나무들은 자신의 앞날을 예측하는 존재들이다. 가을이 되면 파란 불은 다 꺼지고 본연이라고 여기는 붉은 불길이 된다. 비바람에도 꺼지지 않던 푸른 불길이 찬바람이 딛고 간 자국마다 서서히 붉은 불길로 바뀌는 것이다. 마을에서 시작된 초록이 산 중턱을 지나고 등성이를 넘어갔다가 다시 붉은 불길로 마을로 내려온다. 몸속에 지녀온 불씨로 제 몸을 다 태우고 나면 종국에는 흰 눈이 내려 추위의 적설량으로 쌓인다. 어느 전설에선 추운 마을이 애처로워 불이 스스로 찾아왔다고 하지만 정작 나무들이 가장 무서워하는 것은 마을의 아궁이와 굴뚝들이다. 불이나 연기나 나무들은 다 바람의 목록들로 바람을 먹고 자란다. 바람의 발자국 따라 누웠다 일어났다 일렁이며 자라는 존재들이다.

## 부사(副詞)들


간당간당, 이라는 말
식물들의 모가지를 보면 안다.
그 가녀린 병목이 뿌리를 먹여 살리지만
주체적 존재가 아니라
그 일생을 바람에 맡겨둔 채로 산다.

하심(下心),
해탈의 경지를 산다.

계절의 지표나 햇살 바라기로 살고 있으니
중심이란 오히려 거추장스러울 뿐,
그 위태로운 망루 위에 화려한 꽃을 피우고
바람보다도 더 가벼운 홀씨를 여물게 한다.

조마조마, 라는 말
어린 자식의 행동거지를 보면 안다.
넘어질까 떨어질까, 외줄타기처럼 위태로워
부모는 늘 마음 졸이지만

세월 흐르면 그 처지는 바뀌어
자식이 지팡이 되어 부모를 부축한다.

간신히, 라는 말
가까스로 눌러둔 그리움이나 슬픔을 보면 안다.
거미줄처럼 가슴을 옥죄어 올 때
잡아줄 손이나 기댈 어깨 하나
기다리는 것이다.

불안을 알리는 부사들
무덤덤한 낱말 앞에 간절히 붙어 서서
부실한 처지들을 부축하거나
손을 내밀겠다는 말이다.

간당간당 붙어 있는 모가지가
툭, 떨어지지 않는 것만도 감사한 일
조마조마하지만 간신히라도 살아가는 일생이
어디 사람뿐이겠는가.

이미 쇠할 대로 쇠한
몸과 마음을 이끌고 절대자 앞에 서서
한낱 당신의 종이라고 나를 떠넘겨 보지만
영 면목 없는 일이다.

## 말의 겹겹

어떤 말들은 품이 넓어서
같은 모양의 말들이 몇 개씩 함께 들어 있다.

눈이라는 말에는 맑고 긴 시야부터
깜빡거리는 속눈썹이 있고
펄펄 내리는 폭설과 눈보라까지
한 말에 모두 세 들어 있다.
의미들이 다정하게 겹쳐 있다.

또 병이라는 말엔 서러운 셋째부터 사람 하나를 눕히는 자리보전과 수발이 들어 있고 바람이 휘파람 소리를 내는 유리병도 들어 있다. 밤이라는 말에는 출출한 겨울밤이 있고 밤참으로 즐겨 먹던 군밤도 함께 들어 있다.

광야를 달리는 말이 말을 알아듣지 못할 때는
가편(加鞭)하는 말이 빨라지고 그러면 말도 빨리 달린다.

할머니 살 내려 키운 손주 녀석 오동통 살이 오르는 동안 세월은 쏜살같이 흐르고 모난 돌은 정 맞는다지만 두드리고 맞는 동안 정드는 사람들도 있다. 또 선(善)한 사람이 어떤 일에 앞장 설 때는 선선한 훈풍이 이는 경우도 있고 배를 타고 강을 건너려다 배가 아파 건너지 못한 적도 있다.

   비슷한 것들끼리는 보통
   그 비슷함을 벗어나려 다투는데 그건, 한 덩어리 같은 물이 쉬지 않고 중얼대며 흐르는 일과도 같다.
   그러나 겹겹의 말들은 같은 이름으로 살아도
   키가 다르고 기장이 달라 서로 다투지 않는다. .

   비좁은 틈 같지만 길게 혹은 짧게,
   소리의 생김새로 서로를 알아보는 겹겹은
   껴입은 겨울옷처럼 따뜻하다.

## 폐사지(廢寺址)


중환자실로부터 긴급한 연락을 받았다.
경각(頃刻)을 달려
위독(危篤)에 도착하려 했으나
이미 폐허에 다다르고 말았었다.

부처가 빠져나간 몸은
쓸쓸한 폐사지 같았다.
두 손 모으던 당간지주(幢竿支柱) 허물어졌고
귓속을 맴돌던 경전(經典)도
모두 뿔뿔이 돌아갔다.

온갖 기원으로 한평생 뜨거웠던 석탑
바위처럼 차갑게 누워 있다.
깨진 기와 몇 조각 뒹굴고
검푸른 이끼 이불처럼 덮고 있다.

나는 저 폐사지의 몇 번째 부처였을까
저 폐허는 스스로가 애면글면하는

사원이었었다는 것을 알았을까.
모든 기원이 다 빠진 몸은
스스로 허물어져 폐허가 되었다.

그래도 찾아보면 어딘가 아직
허물어지지 않은 탑 한두 개쯤 있을 것 같아
나는 어머니의 어깨를 힘껏 흔들었다.

## 해수면

낡은 배의 갑판을 열고
누렇게 녹슨 엔진을 들어냅니다.

바다는 사실 울퉁불퉁한 길이었습니다.
요철 위를 달리는 듯 엔진 소리가 통통 튀었습니다.
생전의 아버지는 그 깊은 바닷속을
채굴하듯 맨손으로 파내는,
깊은 물속 사정을 일렁이는 수면만 보고도
대뜸 알아내는 사람이었습니다.

파도가 칠 때면 파도를 붙잡았습니다.
파도와 맞서던 그 안간힘을 나누어 먹고
가족들은 무엇이든 꽉 잡고
놓지 않는 사람들이 되었습니다.

나도 아버지처럼 깊이를 모시는 사람이 되고 싶었지만
깊이는 늘 울렁거렸습니다.
그래서 낮고 깊은 곳이 아니라 높은 곳을 올라

높은 사람이 되려 했지만
높이는 헉헉거리며 올라도
자꾸만 곤두박질치는 곳이었습니다.

마치 당신의 관을 들던 날처럼
굴곡진 물 위를 달리던 엔진은 무겁습니다.
물고기보다 빠르고
커다란 절벽 같은 파도도 뛰어넘던 엔진은
그날의 당신처럼 차갑게 식어 있습니다.

지상의 모든 높이를 일컬어 해발이라고 하면
바다에서 하늘을 떼어놓은 그 깊이의
맨 위쪽에서부터 높이는 시작됩니다.
아버지의 해발은 몇 미터였을까,
당신이 채굴한 바닷속은 또 얼마나 깊었을까.

낡고 병든 아버지의 목선을 고쳐 다시
파도를 걷어내고

높이의 깊은 밑바닥을 파내려 합니다.

높이와 깊이를 가르는,
파도의 주름 밑으로 침전된
아버지의 곡진했던 시름을 건지려 합니다.
파도를 붙들고 파도보다 더 울렁이는
사람이 되려 합니다.
지금은 침묵하는 엔진이지만
찾아보면 그 속 어딘가엔
통통거리는 불씨 한 점쯤
남아 있을 테니까요.

# 엎드린 소

 저기, 비스듬한 집 한 채 소처럼 엎드려 적요를 우물거린다. 평생 한자리에 묶이는 것이 가옥의 본분이라면 말뚝도 고삐도 풀어진 줄 모르는지 누르스름한 털에 봄볕을 얹힌 소는 미동도 없이 누워 있다. 되새김질로 잘게 씹는 것은 지난 세월 덕지덕지 묻은 저린 기억들, 반쯤 감긴 눈 속에 떠난 송치도, 주인의 따스하던 손길도 아련히 잠겨 있다. 그리운 것들은 서로 닮는가. 소는 옛 주인의 얼굴을 닮았다. 한때 주인은 입속에 소를 묶어두고 고랑 긴 밭을 잘도 갈아엎곤 했다. 두 눈을 감고 여물 트림을 하다가도 봄이면 앞산 골짜기에서 울리던 옛 주인의 음성을 듣는지 두 귀를 쫑긋거린다. 긴 밭고랑을 끌던 쟁기와 보습은 이제 사라지고 없지만 한 지붕 아래 사람과 짐승을 함께 거두던 풍경은 비스듬히 기울어져 있다. 아직도 분간 없는 소나기를 돌려세우는 요란한 지붕을 두고 있는 집, 껌벅이는 눈가로 눈물 흐르듯 허물어진 틈새로 빗물에 젖는다. 그러다가 빈 밭에서 모락모락 아지랑이 피어나면 소는 벌떡 일어나 척척, 쟁기와 보습을 걸칠지도 모른다. 세월에 눌려 허물어져 가는 집에 엎드려 있는 소 한 마리를 본다.

## 상강 무렵

가을 해 쏜살같이 떨어지고 된서리 내리면
들판에 푸른 잎 홀딱 데쳐놓고
앞산도 파리해진다.

상강(霜降),
배추를 묶는다.
넓은 겉잎을 오므려 지푸라기로 묶는다.
이젠 더 이상 파란 하늘을 받지 않겠다는 뜻이다.
노란 속배추들에게
와삭거리는 암중모색을 가르치겠다는 뜻이다.

배추는 늙어서도 어린 속잎을 키운다.
열매들이 그 속에 내년의 봄을 키우는 동안
배추는 어린 맛으로 겨우내
절여지겠다는 뜻이다.

마른 씨앗들을 받고
봉투마다 아지랑이 필체로 이름을 적어둔다.

강낭콩 꼬투리 화들짝 놀라 톡톡 터지고
뱀은 몸을 둘둘 말아
땅속 잠잘 곳을 찾는다.

상강 무렵,
돌들은 그 속이 따뜻해지고
배추를 묶는 허리 굽은 노인의 깊은 속엔
어린아이 이름 몇이 배추 속잎같이
뛰어놀고 있을 것이다.

## 사람이 없는 시간

긴 여행 끝에 집에 돌아와
쌀통을 열자
날개들이 날아오른다.

또한,
사람이 없는 동안 빈집은
거실에 있던 식물들을
모조리 먹어치웠다.

어느 집은 집을 비운 몇 달 동안
빈방들이 고양이 한 마리와 금붕어 서너 마리를
아껴가면서 먹어치웠다고 했다.

지구의 역사를 사람이 존재하는 시간과 그 이전의 사람이 없었던 시간으로 나누면 쌀통의 쌀벌레처럼, 식물을 먹어치운 빈집처럼, 이전의 존재들이 잠시 지구를 비운 사이 나타난 사람이 주인인 양 지구의 것들을 가리지 않고 먹어치우고 있는 중이다.

심지어 극지의 얼음까지도 녹여 먹고 있다.

그러나 사랑이 사라진 곳에 러브버그 창궐하듯, 사람 없는 시간과 장소에 진짜 주인이 나타나곤 한다.

사람과 지구의 이런 막막한 어긋남의 시간
사람이 없는 그 시간에 지구는 겨우 숨을 쉰다.

먹지 않고 존재하는 것들은 없어서
사람은 저의 일생마저 조금씩
뜯어먹으며 사는 것이다.

## 견인

저것은 지극한 동료애다.
어떤 길, 어떤 갓길에서 부서져도
견인차는 달려온다.
전장의 동료를 부상 밖으로 끌고 나오듯
그곳이 어디건 저들은 달려온다.
아수라장에서 꺼지지 않은 불씨를 골라 담고
비상등을 점멸하며 경각을 달린다.
때로는 무너져 내린 상처를 봉합하고
또 때로는 사위어가는 심지를 다시 지핀다.
역주행의 찌그러진 구름을 꽁무니에 매달고
은하의 어디쯤
푸른 불꽃이 별처럼 피고 지는 재생의 정원,
그곳에 부려놓고 또 어느 잡음 섞인
접촉을 향해 달린다.
언젠가 연료가 바닥난 어느 산길을 견인하러 오던
어둑한 저녁 무렵처럼
웅성거리는 틈을 비집고 등을 들이대듯
꽁무니를 들이대는 저 지극한 정성,

난파한 현장에서 망연자실한
난감함을 잡아 끌어주는 지극한 이타(利他)다.
하루의 요철을 수습하며
어둑한 저녁이 또 온다.

## 쓸쓸한 직업

 초록 한철 참 부지런했던 물가에 버들, 날이 추워지면서 또 가장 겨울다운 풍경, 그 쓸쓸한 풍경에 종사하고 있다. 하고많은 직업 중에 쓸쓸함을 연출하는 직업이라니! 그러나 그 쓸쓸함이란 스산함의 끝에서 살짝 분분해지는 일이어서 나뭇가지 끝에 앉지도 앉히지도 못하는 바람을 도맡아 보여주는 일이다. 소리죽여 내는 신음 같은, 부릴 데가 없어 방향도 없이 스쳐 가는 바람도 다 쓸쓸함 끝에 걸려 있다. 사람의 눈에서 한적해진 심상은 눈 끝에 가서 자디잔 눈주름이 된다. 스산함을 가려 제풀에 주저앉게끔 다독이는 일을 하염없는 응시로 이루는 것이다. 세상, 이 쓸쓸한 풍경이 없었다면 저기 저 자잘한 바람은 어느 앙상한 끝에 가서 서성이겠는가. 그러니 나는 바람이 딛고 갈 어깨를 내밀어 저 쓸쓸한 일을 도맡는, 버들가지 끝을 높이 치는 것이다. 그리하여 오늘은 내 눈 끝의 주름도 제 일을 다한 듯 촉촉해지는 것이다.

# 제4부

## 슬하

　도토리 하나 툭 떨어져 도그르르 구른다. 모든 씨앗과 열매에는 둥근 이유가 들어 있다. 그늘 밖으로 구르려는 사방이 들어 있다.

　어디로 튈지 모른다고 꾸짖는 말 속엔 슬하를 벗어나려는 좌충우돌이 있다. 그것은 동그란 힘으로 정착하려는 최초의 출가들, 동그랗게 새겨듣고 동그랗게 실천하는 훈계다.

　무릎 밑에서 무릎 꿇는 법을 배웠다.

　무릎을 꿇는 일은 다시 무릎을 펴고 일어서려는 전조이다. 접었다 펴면서 씨앗이 되고 우람한 나무가 된다.

　무릎이 무릎을 감싸안고
　가만히 익어간다.
　타이르듯 바람이 지나가는 날들에서의 일이다.

## 서설(瑞雪)


어쩌다 서설이 뒤늦은 꽃을 덮는 것을 본다.
어지러운 분간(分揀)들을 바라보다
하얗게 용서로서 내리는 것이다.
엇갈리는 것들은 짧은 여운이 되고
너무 빠르지 않아도 또 너무 뒤처지지 않아도
만나게 되는 우연이 있다.
아슬아슬 만나는 낯선 얼굴,
어쩌면 상극이다.

그렇게 첫머리가 열렸다.
넘기는 손끝이 시릴 것이고
푹푹 빠진 발자국을 보기도 하겠지만
아직은 눈밭이라는 말,
곡식 한 포기 없는 밭치고는 너무 가지런하고 깨끗하다.
허물을 덮고 시시비비를 접어두고
그냥 새롭게 걸어가자는 것이다.

어떤 서설(序說)을 써놓고 지지부진할 때가 있다.

또는 서설에 붙들려 본론에 들지도 못하는
막막한 때도 있다.
서설(瑞雪)이 내려야 할 간절한 순간이다.
고작 백 페이지도 안 될 내용,
흰 눈처럼 깨끗한 빈 종이의
독촉이 매섭다.

서설(瑞雪)과 서설(序說)은 닮았다.
책은 그렇다면 겨울부터 읽는 것이다.
그것이 서설(序雪)인 경우에는 더욱 그렇다.
나뭇잎 파릇파릇 돋아 웅성거릴 때까지
눈밭에서 겨우내 꿈을 꾸는 것이다.

## 벽을 문이라고 불러보는

닭장 문을 열면
놀란 닭들은 구석으로 숨는다.
닭은 구석을 마치 문이나
든든한 뒷배로 여긴 듯하다.

문으로 들어온 죽음,
모든 폭력은 문을 열고 들어온다.
탈출은 그 문을 열고 나가는 일이지만
어느 문이건 지키는 일이
완강하게 버티고 있다.

문은 안쪽과 바깥쪽에 문고리를 두고 있지만
그 역할은 들고나는 것과 사뭇 달라
우격다짐으로 안팎을 뒤집으면
오도 가도 못하는 일이 된다.
꽉 막힌 사안을 떠안고
벽을 등지고 앉아 해결책을 모색하다 보면
스르륵 벽이 허물어질 때도 있어 그때는

벽을 문이라고 가만히 되뇌어 보는 것이다.

구석으로 몰리는 것을 두고
쫓기는 일이라고 한다면
구석은 막다른 곳이 되겠지만
막다른 곳이 때론 출구가 되는 것 또한
여러 번 보았다.

구석에서 잡힌 닭이 문을 나갈 때
닭들은 문을 출구라고 여길까, 아니면
죽음이라고 여길까.

## 등한시(視), 혹은 시(詩)

젊은 시절 등한시했던 곳들
아무리 뒤적거려 봐도 쓸 만한 시간이라곤 없다.
그건 묵묵히 돌아앉은 시절이거나
익기를 기다렸다 그만
썩혀버리고 만 시간들일 것이다.

시(詩), 혹은 시(時)는 서로 닮았다.
고백하건대, 나의 시(詩)는
썩고 썩은 시(時)에서 골라 온다.
형체도 없이 문드러진 마른 아픔에서
신음처럼 나온다.
썩은 낙엽 더미의 입김처럼 온다.

등한시,
눈길 한번 주지 않았던 그 시간 동안
먼 친척의 아이들은 장성해서 가정을 이루고
나무들은 푸르게 자라 꽃을 피웠다.
내가 버린 시간이 그들에게 가서는

무럭무럭 자랐다.

시, 라는 외말처럼
난처한 말도 드물 것이다.
고작 지난 시간이나 갖고 노는 이 시간은
또 누군가가 등한시하는 시절일까,
싸늘하게 등 돌린
쓸쓸한 시절일까.

## 그늘 패각(貝殼)


분주했던 그늘은 텅 비어 있다.
불과 몇 해 전만 해도 저 느티나무 그늘 밑에
아픈 다리를 살살 달래서 나온 관절들이 모였었다.
핏대 세운 훈수와 경합들이 무성했었지만
지금은 어둑하게 쌓인 그늘의 껍질만 수북할 뿐
북적거리던 그늘이 저물고 있다.
쓸모없는 그늘을 차지하고 있는 건
쉬고 있는 농기계 몇 대뿐이다.

사실 저 우람한 그늘은
어떤 의자보다도 안락했었지만
늙은 말투들이 사라진 뒤부턴 폐허만 한 짐이다.
낮잠도 자식 자랑도 사라지고 텅텅 비어 있다.
그늘의 패각, 등 굽은 허리들이 떠난
그늘의 마지막 모습이다.

바람이 불 때마다
사그락사그락 빈 패각을 밟는 소리

지붕들은 더운 햇볕으로 맹렬한데
대답하는 안쪽도 부르는 바깥도 없는 마을
문 닫힌 한 세대가 저문다.

목청 돋우던 확성기 속에선
고요가 녹슬고 있다.

## 착한 발자국들

눈 내린 마당,
누구도 하얀 고백이나 흔적 없이
지나갈 수는 없다.
세상에서 가장 빨리 진다는 그 어떤 꽃보다
더 빠르게 지는 고양이 발자국을 닮은 꽃,
어느 어린아이가 날린 화살촉을 닮은
새들의 발자국,
자기의 몸보다 더 무거운 귀를 달고 다닌다는
겁많은 고라니 발자국들이
서둘러 지나간 마당
사납거나 온순한 것들이지만
발자국들끼리는 모두 사이좋게 어울려 있다.
곧 정오의 해가 마당에 도착하면
저 발자국들은 모두 주인을 뒤쫓아
얇은 눈 밖으로 도망치고 없을 것이다.
해가 뜨면 갖가지 모양의 흰 꽃들이
우수수 떨어질 것이다.
식물을 닮았거나 사물을 닮은

저 착한 발자국들
그러나 속내가 복잡한 사람의 발자국만은
도무지
닮은 모양이 없다.

# 말의 그림자

말은 형체가 없지만
그림자가 있다.
어떤 말엔 그림자가 짙고
또 어떤 말엔 그림자가 옅거나 아예 없다.
그러니 들은 말이 의심스럽다면
그 말을 추궁할 일이 아니라
그 말을 들은 날의 날씨를 확인해 볼 일이다.

만약 날씨 소속인 그림자를
의혹의 소속으로 여겨 왔다면
오해한 일에 대해 사과해야 할 일이다.
밤엔 밝은 것들이 오히려 의심스러운 법이어서
날씨에서 쫓겨난 그림자들이
희끄무레한 색깔로 이리저리 떠돈다.

슬픈 날의 말은 구름 속에 들어
아예 그림자조차 없지만
기쁜 날엔 쨍쨍하여 말의 그림자가 뚜렷하다.

그러나 말에 해가 비추면
말의 그림자는
말의 몸속으로 들어가 숨어버린다.

그림자가 짧다면 정오의 혐의가 있고
길다면 저물녘을 의심해 봐야 한다.

그러니 말을 더듬는다는 것은
날씨가 맑았다 흐렸다, 를 반복하는 일이어서
말의 그림자를 성급히 되삼켰다면
여러 매듭으로 끊어졌다 이어졌다, 하는
딸꾹질을 조심해야 한다.

## 올가미

옳음의 상징으로 배운 동그라미,
풀어져도, 조여져도 올가미는 늘 동그랗다.

실수는 유용성의 본질,
실수의 발견과 매듭은 연대를 같이했을 것이다.

사람의 실수가 속임수가 되고
속임수는 짐승과 사람 진화의 차이가 된다.
올가미 속에는
내가 묶는 매듭과 상대가 묶는 매듭 사이
사생결단의 결기가 있다.

감나무는 감꽃에 묶여 있고
집은 지붕에 묶여 있다.

때로는 그의 올가미에
내 운명이 묶였으면 좋겠다는
생각이 들 때가 있다.

## 감나무는 키가 크다


늦가을엔 자꾸 키가 큰 것들만 보인다.
자신들의 긴 그림자를 땅에 내려놓고 쉬는 동안
높은 곳을 견디고 있는 아쉬운 것들
그런 것들은 키가 없는 존재들만 닿을 수 있어
새들의 몫이라고 치부해 버리기도 한다.

가을이 깊을수록 아직 더 부릴 것이 남았는지
멀리서 온 햇살들이 더 바쁘다.
낮은 것들은 모두 겨울 채비에 들었는데
키 큰 감나무, 가을의 꼭대기에 앉아
도무지 내려올 줄 모른다.

키 작은 풋감은 일찌감치 떨구고
가장 높은 곳까지 밀어 올린 다디단 키,
그 키가 다 떨어지면
가벼운 눈송이들이 앉았다 가고
바닥엔 새로운 발자국들이
총총 나타날 것이다.

## 비눗갑

비눗갑에 가득 찼던 비누가
쓸수록 닳아져 반 토막이 되었다.
어떤 존재든 처음부터 헐렁한 껍질은 없다.
충만의 소진법(消盡法)이다.
불시에 잃어버리는 일보단
서서히 닳아 사라지는 것이 보통이다.
떠나는 것들은 품이 비좁아 떠나는 것들과
껍질 속에 든 내용물이 지워지고 줄어
헐렁해지는 것들로 나뉜다.

아이들은 더 이상
모태(母胎)에 여지가 없을 때 태어난 존재들,
태어나서는 저가 저를 껍질 삼아 자라다가
엄마 품이 좁으면 다시 떠난다.
상현에서 자란 보름달도 하현으로 떠나듯
모든 존재는 처음의 품을 떠난다.
부피가 크든, 이름이 크든,
처음의 품을 더는 버티지 못하고 떠난다.

다만 비눗갑들은 속에 든 비누가 닳으면서
덩그러니 갑만 남게 된다.
가득했던 것들이 헐거워질 때
남겨진 배후는 쓸쓸하다.
미끈거리는 일로 작은 조각이 되는 일을 두고
혈연의 예를 떠올린다면
머물렀던 흔적이란 쓸쓸한 배후다.

# 살얼음

살얼음은 물이 가장 평평할 때 잡히고
울퉁불퉁한 물에는 쉬 끼지 않는다.

추위가 올 때
혹은 추위가 돌아갈 때
살얼음은 그 길목에서 배웅하듯 언다.

가혹의 본진에 앞서 첨병처럼 오거나
퇴각의 발자국처럼 온다.

이때 물은 가장 예민해진다.
조금만 건드려도 형태와 연대를 무너뜨리며
마치, 맹독의 짐승인 양 위험하다.

물은 위쪽이 가장 춥고 또 차갑다.
추위가 가장 얇아진 때
두꺼운 물속과는 어울리지 않게
수면은 극도로 얇아진다.

이때 깊은 물이 얼음을 껴입는 것이다.

살얼음은
물이 곧 전신을 봉(封)한다는 기별

수면은 사실, 공중의 학습을 가장 성실히 받아들인 곳이어서
한랭전선을 얇게 혹은 두껍게 앉혔다 보낸다.
봄바람이 박빙을 걷어내면
그제사 꽃이 핀다.

세수


하루의 시작인 세수,
닫힌 얼굴을 여는 일이다.

두 손으로 정갈하게 뜬 물이지만
그 물은 곧 구겨져야만 얼굴을 씻어낼 수 있다.
구겨지지 않고는 어떤 것도
맑고 곧게 펼 수가 없다.

한편, 가을이 되기 위해 여름의 초록이 지치듯
구겨진다는 것은 펴질 때를 기다린다는 뜻이다.

세수는 찌뿌둥한 얼굴을 맑게 펴고
웃음을 가지런히 빗는 일,
그래서인지 오래 쓴 세숫대야는 여기저기 구겨져 있다.

고단하게 하루를 보낸 쓴 표정,
혹은 억지로 웃은 웃음이거나 남몰래 감춘 모욕들을 씻은 뒤끝들이 저렇게 세숫대야를 구겼으리라.

얼굴을 적신 물은 구겨진 얼굴을 기억한다.
상처 난 마음을 씻어내는 눈물도 울컥울컥, 구겨져 있다.

세수를 끝낸 얼굴을 거울에 비춰보면
물의 표정을 닮아 있다.
오랫동안 구겨진 물로 씻은 얼굴에
빗살무늬 주름이 생긴 이유일 것이다.

## 나무라는 직업

나무는 하는 일 하나 없이 그냥 서 있는 것 같지만
가만히 보면 다 복무하는 직업들이 있다.

마을의 오래된 느티나무는
평상 하나 놓인 무료한 한낮의 그늘을 관리하는,
설렁설렁 부는 바람결 같은 직업을 갖고 있다.
그런가 하면 말을 매어두던 옛날 버드나무는
말의 갈기 같은 실가지를
바람에 흩날리곤 했었다고 한다.

산 나무든 죽은 나무든 다 직업들이 있다.
바람의 방향을 알리거나
초록을 지나 울긋불긋 계절을 알리는 이파리들
곧 두꺼운 옷을 입어야 한다는 것을 알려준다.
그러니 무직인 나무들은 단 한 그루도 없다.

죽어서도 나무는 휴직이 없다.
오동나무는 공중에 넓은 여름과 보라색 틈을 내며 살다가

죽어서는 신혼의 장롱이나 죽은 이의 관(棺)으로
그 직업을 바꾸기도 하고
비와 눈을 맞으면서도 서 있는 직립의 직업
그런 나무들의 몸속에는 눈, 비에도 녹슬지 않고
찬바람에도 얼지 않는
동그란 스프링이 들어 있다.

무럭무럭 연기를 올리는 굴뚝은
나무들의 복무일지다.
아랫목이라는 말도, 군불이라는 말도
알고 보면 다 나무들의 직업에서 나온 말들이다.

# 날개

땅으로 내려와 파헤쳐진
어린 새의 주검

저건 바람이 바람에
잡아먹힌 흔적이다
바람의 이빨로 날개를 벗기고
주검의 몸통에 부리를 박아 흔든 흔적이다
붉은 살점이 흩어지고
잘린 목은 체념한 듯 눈을 감고 있다
해체된 주검은 바람의 파행이다
모닥불의 스러지는 불씨처럼
깃털은 힘없이 일렁인다

하늘에서 사냥하고 지상에 내려와 식사하는
날개들의 식습관
너무 가벼운
저, 뒷일

해설

# 이토록 아름다운 친화의 풍경
— 배종영 시집 『도망치는 책상』 읽기

오민석(문학평론가·단국대 명예교수)

### 1.

인간과 세계 그리고 언어가 서로 잘 친화된 세계가 있었다. 그 먼 신화의 시대에 인간과 세계는 서로 통합되어 있었으며 세계와 인간의 논리는 하나였다. 별빛은 인간의 운명을 읽는 텍스트였고, 모든 언어는 주술처럼 살아 인간과 세계를 연결해 주었다. 바람의 움직임에 따라 새들이 움직였고, 새들의 움직임을 보고 인간은 우주의 소식을 들었다. 그러나 이 완벽한 통합의 시대, 이 아름다운 총체성의 세계는 근대 이후 산산조각이 나 버렸다. 인간은 자신에게서 점차 소외되었고, 세계로부터 점점 더 멀어졌으며, 인간의 언어와 사물의 언어는 서로 외계의 언어가 되어버렸다. 아무도 나무의 심장을 들여다보지 못했으며, 달의 웃음을 인지할 수 없었다. 인간은 분열된 세계만이 아니라 자기 안의 다른 자아들과도 다투었다. 세계는 점점 낯설어졌으며 존재하는 모든 것들은 서로 알 수 없는 방언으로 떠들었다. 모더니즘 이후 세계문학의 여러 증세 중의 하나를 '신경증'이라 지칭할 수 있다면, 그것은 바로 이 철저한 소외와 불화의 환경 때문이었다. 이런 증세는 문학만이 아니라 회화, 음악, 영화를 포함한 예술의 전 장르로 확산이 되었는데, '신경증'이라는 코드를 제외하고 오늘날의 예술을 관통하는 일관된 코드를 읽기는 매우 힘들어졌다.

 이런 와중에 배종영의 시들은 인간과 세계와 언어를 하나로 연결하고 공통의 의미로 읽어내는 매우 예외적인 세계를 보여준다. 그의 시들에선 플라스틱 꽃들이 다시 살아나고 나무속 영혼의 불길이 다시 활활 타오른다. 그의 시들은 근대 이후 일제히 도살당한 사물들과 생물들을 다시 살려내고, 신경증의 골방에 문을 걸어 닫은 인간들을 세계와의 친근한 대화 속으로 끌어내며, 언어에 대한 그 모든 회의의 구름을 걷어낸다. 그의 시에선 죽은 사물과 동물들이 살아나고, 인간은 세계의 문법 속에서 자신의 문법을 발견하며, 언어는 이들 간의 소통을 가능케 하는 주술이 된다.

　　낙타의 빈 등을 보면
　　어딘가에 짐 부려놓고 홀가분하게

돌아가는 길 같다.

그 빈 등에 힘겨웠던 발목 고이 태우고 헐렁헐렁 걷는다.
마침, 밤하늘엔 움푹 등이 비워진 초저녁달이
보름쯤에 있다는 만월을 실으러 가고 있다.
그러니 헐거워진 그 빈 등,
또 다른 짐을 위해 잠시 비워둔 자리일 뿐이다.

…(중략)…

낙타나 사람이나 돌아가는 길은 다 내려놓고 가는 길이라면
언제부턴가 나도 모르게 돌아가고 있는 그 길이
꼭 무거운 길만은 아닌 것 같다.

모든 길은 어두워지면 쉬고
빈 등에 얹힌 달빛,
밤은 낙타들의 등이 눕는 편안한 우리다.

만월을 실어 나르느라 고단한 달의 잔등에도
거뭇한 굳은살 박여 있다.

—「빈 등」 부분

이 시의 매력은 메시지에 있지 않다. 이 시의 매혹은 낙타와 달과 사람의 삶을 관통하는 공통된 코드의 발견에 있다. 낙타의 "빈 등"에서 "움푹 등이 비워진 초저녁달"로 미끄러지는 상상력은 얼마나 기발한가. 이 순간적인 시선의 이동으로 낙타와 달은 동일한 궤도를 함께 도는 친밀한 관계가 된다. 낙타는 무거운 짐을 내린 채 빈 등으로 "헐렁헐렁" 걷고 있고, 마침 그것을 내려다보던 초저녁달은 이제 "만월을 실으러 가고 있다"는 낯설고 이질적인 두 존재를 끈끈한 친족 관계로 만든다. 마치 동종 업종의 형과 아우처럼 초저녁달의 빈 등이 만월을 지러 가면 금방이라도 낙타의 빈 등 역시 다시 무거운 짐을 지러 갈 것이다. 시인은 이 친밀한 궤도에 사람의 운명까지 합세시킨다. "낙타나 사람이나 돌아가는 길은 다 내려놓고 가는 길"이라는 표현이 바로 그것이다. 이것들은 모두 같은 길을 가는 같은 운명의 존재들이므로 자신이나 세계, 그 어느 곳으로부터도 소외되어 있지 않다. 이들은 서로에게 제 몸처럼 매우 친숙하다. 무거운 짐을 실어 나르느라 생긴 "굳은살"은 마치 오래된 농경 공동체의 구성원들처럼 달의 잔등에도, 낙타의 잔등에도, 그리고 사람의 잔등에도 똑같이 박여 있다.

　근대 이후의 주체들은 세계가 원래 이토록 아름다운 친화의 내밀한 풍경을 가지고 있다는 사실을 잘 기억하지 못한다. 시인은 이제는 거의 신화가 되어버린 풍경을 마치 그동안 아무 일 없었다는 듯 다시 불러냄으로써 사막 같은 불모의 밤을 따뜻하게 위로한다. "모든 길은 어두워지면 쉬고/빈 등에 얹힌 달빛,/밤은 낙타들의 등이 눕는 편안한 우리"라는 문법이 가동되는 풍경이야말로 분열, 소외, 갈등, 그리고 불화에 지친 존재들이 진정으로 돌아가고 싶은 곳이 아닐까.

    고추잠자리를 많이 잡은 날은 손가락 끝이 매웠다.
    개구리를 잡은 날은 손가락마다 물집이 잡혔다.

    귓밑이 유난히 시린 겨울,
    그 겨울이 지나고 나면 흰 머리카락이
    희끗희끗 보였다.

    징후들은 한동안 사람을 따라오다 어느 시절이 되면 되돌아간다. 예감과 징후는 달라서 몸 여기저기가 아픈 것은 곧 사람을 벗어난다는 징후이고 혼잣말이 잦으면 곧 말이 바닥난다는 징후다.

    할머니는 한동안 치아가 없는 말을 하더니
    이내 말이 없는 존재가 되었고
    허공을 바라보는 날이 계속되면
    머잖아 그 빈 하늘로 떠난다는 징후다.
    ―「징후들」전문

배종영 시인에게 세계의 이토록 친밀한 풍경은 이념도 아니고 인위적인 배열도 아니다. 시인의 상상력 속에서 인간과 사물과 동물과 우주는 지배와 종속의 위계 없이 하나의 공동체 안에서 동일한 규칙을 지키며 오순도순 살아가는 친족들이다. 배종영 시인에게 이런 풍경은 마치 그동안 한 번도 훼손된 적이 없었던, 원래의 자연스러운 풍경인 것처럼 내면화되어 있다. 위 작품에서 시인은 '징후'라는 코드가 동일한 세계 속의 다양한 존재들 안에서 가동되는 풍경을 보여준다. 이 코드는 같은 공동체 안에 있는 모든 존재에게 공평하게 작동하며 그런 점에서 이들은 모종의 친족 관계 안에 있다. 위 작품에서도 고추잠자리와 개구리와 화자와 할머니는 마치 한동네에 사는 고향 친구들처럼 정겹게 동일한 '징후의 게임 규칙'을 공유한다. 이 세상의 모든 만물이 징후의 법칙에 평등하게 속해 있고 거기에 예외가 없다는 사실은, 우리가 아는 모든 것이 원래부터 동일한 법률을 함께 지키며 사는 공동 운명체라는 따뜻한 진실을 알려준다.

　결국 배종영의 시들은 텍스트의 표면에서 요란한 목소리를 내지 않으면서도 인간 중심주의에서 멀리 벗어나 있으며, 사물과 동식물과 우주의 모든 자연물에 동등한 자격과 권리를 되돌려줌으로써 인간과 세계 사이에 근대가 부여한 지배와 종속의 관계를 전복하고 있다고 보아도 된다. 우리가 그의 시에서 아름다운 고향 같은 친화와 위로와 사랑을 느낀다면, 그

것은 그의 시들이 근대가 강요한 (인간과 세계 간의) 비본래적 관계가 본래적 관계에 의해 자꾸 와해가 되는 풍경을 보여주기 때문이다.


## 2.

주체가 만들어낸 모든 풍경이 결국 선택과 배제의 결과라면, 배종영이 보여주는 친화적 풍경은 그의 천성이나 세계관에서 비롯된다고 보아도 좋다. 그는 인간과 세계를 거의 항상 '관계' 속에서 읽는 경향이 있으며, 그 관계 안의 사물들 사이에서 서로 밀어내는 힘(척력)보다는 서로 끌어당기는 힘(인력)에 더 주목하는 성향이 있다. 말하자면 그는 태생적으로나 세계관적으로 잘라내고 끊어내는 본능(타나토스)보다는 당기고 합치려는 본능(에로스)에 더 가까이 가 있다. 그는 근대정신이 끊고 잘라내고 분석한 것들을 다시 붙이고 끌어당기고 통합하려는 벡터를 가지고 있다.

> 모퉁이의 저쪽 혹은 이쪽이 궁금하다면
> 아직 사랑입니다.
>
> 햇볕은 돌아가며 사과를 쓰다듬어 붉어지고
> 파도는 깨진 돌조각을 수천 번 쓰다듬어 둥근 조약돌로

만듭니다.

>  모퉁이를 품어 모퉁이를 다듬는 일이 곧 사랑입니다.
>  수많은 모퉁이를 함께 돌면서
>  뾰족하던 중심들이 가지런해질 무렵
>  모퉁이는 닳아 둥글어집니다.
>  저 너머 막연하던 짐작(斟酌)도 보이기 시작합니다.
>  이쪽과 저쪽은 이제 든든한 근처(近處)가 됩니다.
>  ―「모퉁이를 함께 돌았다」부분

위 시에서 햇볕과 사과 그리고 파도와 돌조각은 마치 오랜 연인들처럼 서로를 쓰다듬는다. 이렇게 서로의 "모퉁이를 품어 모퉁이를 다듬는 일"이 "사랑"이다. 사랑은 상대에게 등을 지지 않고 마치 이쪽 모퉁이가 저쪽 모퉁이를 궁금해하듯이 상대에게 이끌린다. 모든 개체가 가지고 있는 "뾰족하던 중심"은 오로지 사랑으로 가지런해지고 둥글어진다. 사랑의 성취는 이것으로 끝나지 않는다. 사랑을 통해서 보이지 않던 것이 비로소 보이기 시작한다. "짐작(斟酌)"은 사랑에 눈뜬 주체들이 보게 되는 진실의 먼 얼굴이다. 이런 진실의 공유를 통해 날 선 모퉁이들은 "든든한 근처(近處)"가 된다. 배종영 시인은 이렇게 "모퉁이를 함께" 도는 일에 주목한다.

사람들은 불빛을 뭉치고 말을 뭉치고
서먹하던 간격을 뭉쳐서 이웃이 된다.
사과 한 알로 모여드는 빨간 햇살들처럼 모두
단단하게 뭉쳐 하루를 버틴다.

공기가 뭉쳐 공으로 구르고 빗방울이 뭉쳐 물길이 되듯 쓸모없는 천방지축들이 뭉쳐 훌륭한 소용(所用)이 되기도 한다. 떠돌던 우주의 먼지가 뭉쳐 반짝이는 별이 되고 폴폴 날리던 곡식의 가루가 뭉치면 뗄 수 없는 반죽이 된다. 뭉친다는 것은 느슨한 사이를 바짝 당기는 것, 벽에 막힌 낭패도 골똘한 궁리를 뭉치면 길이 생긴다.
—「뭉처지는 것들」부분

이 정도면 이제 배종영 시인의 배포가 무엇인지 알 것이다. 그는 쪼개고 분리하는 것보다 합치고 뭉치는 쪽에 훨씬 더 가까이 가 있다. 이런 점에서 그는 명백히 근대정신의 대척점에 가 있고, 인간 중심주의로부터 멀리 떨어져 있다. 그에겐 사람이나 사과, 공기와 빗방울, 우주의 먼지나 곡식의 가루가 하등 다를 바 없다. 이것들은 서로 단단하게 뭉쳐 "훌륭한 소용(所用)"이 된다는 점에서 평등하다. 세계 내 모든 존재는 지배/종속의 위계가 아니라 서로 합쳐 "이웃"이 되는 것이 최상이다. "사과 한 알로 모여드는 빨간 햇살들"과 "우주의 먼지가 뭉쳐 반짝이는 별이 되"는 모습은 상상만 해도 얼마나 아름다운가. 거기 누가 있어서 이 관계를 함부로 자르고 찢고 부수는가. 배종영 시인은 겉으로 소리 높여 외치지 않으면서도, 인간만이 주인이라는 망상을 버리고 세계의 모든 존재가 서로 뭉쳐 친족이 되는 길을 찾아야 함을 본래적 풍경의 아름다움을 통해 제시한다.

### 3.

 탈근대 시대로 접어들면서 서양 근대가 세워온 모든 것은 회의와 해체의 대상이 되었다. 그중에서도 언어는 구조주의 이후 가장 큰 회의의 대상이었다. 언어가 소통의 편리한 도구라든가, 언어가 표상의 완벽한 수단이라는 환상은 무참히 깨져나갔다. 언어는 사물과 일대일의 대응 관계에 있는 상징이 아니라 시니피앙과 시니피에로 이루어진 기호이며, 시니피앙과 시니피에 사이의 관계가 필연적이지 않고 자의적이라는 발견은 기존의 언어 개념을 완전히 바꾸어 버렸다. 언어가 대상을 있는 그대로 비춰주는 평면거울이 아니며 대상을 굴절하고 왜곡하는 찌그러진 거울이거나 깨진 거울이라는 인식은 그것을 매개로 한 모든 인식 행위의 정당성마저도 의심하는 방향으로 발전했다. 말이 세계를 표상할 뿐만 아니라 세계 속에서 세계를 움직이는 힘일 수도 있다는 생각은 오랫동안 망

각의 대상이 되어왔다. 이런 와중에 배종영은 멀리 사라진 은하수의 물길을 다시 복원하듯 본래의 생기와 활력을 가진 언어를 다시 소환한다.

> 눈이라는 말에는 맑고 긴 시야부터
> 깜빡거리는 속눈썹이 있고
> 펄펄 내리는 폭설과 눈보라까지
> 한 말에 모두 세 들어 있다.
> 의미들이 다정하게 겹쳐 있다.
>
> 또 병이라는 말엔 서러운 셋째부터 사람 하나를 눕히는 자리보전과 수발이 들어 있고 바람이 휘파람 소리를 내는 유리병도 들어 있다. 밤이라는 말에는 출출한 겨울밤이 있고 밤참으로 즐겨 먹던 군밤도 함께 들어 있다.
>
> 광야를 달리는 말이 말을 알아듣지 못할 때는
> 가편(加鞭)하는 말이 빨라지고 그러면 말도 빨리 달린다.
>
> …(중략)…
>
> 비슷한 것들끼리는 보통
> 그 비슷함을 벗어나려 다투는데 그건, 한 덩어리 같은

물이 쉬지 않고 중얼대며 흐르는 일과도 같다.
　그러나 겹겹의 말들은 같은 이름으로 살아도
　키가 다르고 기장이 달라 서로 다투지 않는다.

비좁은 틈 같지만 길게 혹은 짧게,
소리의 생김새로 서로를 알아보는 겹겹은
껴입은 겨울옷처럼 따뜻하다.
　　　　　　　　　　　　　　—「말의 겹겹」부분

　배종영에게 언어는 사물을 일대일로 지시하지 않는다. 그에게 언어는 "겹겹"의 층위에 울려 퍼지는 겹겹의 메아리이다. 가령 "눈"이라는 말은 시야만이 아니라 속눈썹을 가리키기도 하고 폭설과 눈보라를 동시에 불러내기도 한다. 언어엔 원래부터 겹겹의 "의미들이 다정하게 겹쳐 있다." 언어는 사물을 일대일로 지시하지 않고 겹겹의 의미를 동시에 건드린다. "병"이라는 말 속에 "서러운 셋째", "자리보전", "수발", "바람이 휘파람 소리를 내는 유리병"이 함께 들어 있다는 대목은 언어의 풍성한 스펙트럼을 잘 보여준다. 하나의 시니피앙이 동시에 여러 개의 시니피에를 가지고 있다는 사실은 언어의 힘의 점이 아니라 언어의 마술 같은 능력을 증거하는 알리바이이다. 언어는 어떤 것을 이야기하면서 자연스레 다른 것을 이야기하고, 다른 것을 이야기하면서 또 다른 것을 건드린다. 언어의 이 문어발 같은 확장 능력 때문에 하나의 기표 안에서 서로 다른 기의들은 다툴 이유가 없다. 그것은 마치 "한 덩어리 같은 물이" 서로 부딪히며 "쉬지 않고 중얼대며 흐르는 일"과도 같다. 시인이 "겹겹의 말들은 같은 이름으로 살아도"라고 말할 때 '같은 이름'은 시니피앙이고 '겹겹의 말들'은 시니피에이다. 말들은 무수한 새끼들을 까놓은 하나의 둥지 같다. 그 무수한 겹겹은 서로 하도 친숙하여 "껴입은 겨울옷처럼 따뜻하다."

간신히, 라는 말
가까스로 눌러둔 그리움이나 슬픔을 보면 안다.
거미줄처럼 가슴을 옥죄어 올 때
잡아줄 손이나 기댈 어깨 하나
기다리는 것이다.

불안을 알리는 부사들
무덤덤한 낱말 앞에 간절히 붙어 서서
부실한 처지들을 부축하거나
손을 내밀겠다는 말이다.

간당간당 붙어 있는 모가지가
툭, 떨어지지 않는 것만도 감사한 일

> 조마조마하지만 간신히라도 살아가는 일생이
> 어디 사람뿐이겠는가.
>
> ―「부사(副詞)들」부분

 배종영이 볼 때 언어는 세계와 단단히 밀착되어 있다. 언어는 마치 떼려야 뗄 수 없는 혈족처럼 세계와 긴밀히 섞여 있다. 심지어 "부사(副詞)" 같은 수식어들조차 "그리움"이나 "슬픔" 같은 인간의 정동뿐만 아니라 "잡아줄 손이나 기댈 어깨 하나/기다리는" 삶의 세세한 상황과 밀접히 연관되어 있다.

 지금까지 살펴보았다시피 배종영 시인에게 세계는 분리와 이탈이 아니라 연결과 접속의 구조로 이루어져 있다. 그에게 인간과 세계와 언어는 그 어느 하나 서로 소외되거나 유리된 것이 없다. 그것들은 마치 혈족처럼 가깝고 연인처럼 서로를 쓰다듬는다. 그의 시를 읽다 보면 마치 잃어버린 낙원의 개체들처럼 서로를 그리워하고 탐하며 스미고 섞이려는 것들의 아름다운 몸짓을 만나게 된다. 그는 세상의 현실과 무관하게 일찌감치 먼저 도래할 미래에 가 있다. 이토록 아름다운 친화의 풍경을 어디 가서 만날까. 그의 시들은 부서지고 깨지고 찢어져 헐벗은 세계에 겹겹의 따뜻한 옷을 입힌다. 그 옷들은 같은 궤도에서 서로 불화하지 않고 악착같이 밀착하며 온기를 나누는 겹겹의 문장들이다.

시인동네 시인선 266

# 도망치는 책상

ⓒ 배종영

|초판 1쇄 발행|2025년 11월 24일|
|초판 2쇄 발행|2025년 12월 24일|
|지은이|배종영|
|펴낸이|김석봉|
|디자인|혜이준|
|펴낸곳|문학의전당|
|출판등록|제448-251002012000043호|
|주소|충북 단양군 적성면 도곡파랑로 178|
|전화|043-421-1977|
|전자우편|sbpoem@naver.com|

ISBN 979-11-5896-723-9 03810

\*이 책의 판권은 지은이와 문학의전당에 있습니다.
\*양측의 서면 동의 없는 무단 전재 및 복제를 금합니다.
\*잘못 만들어진 책은 바꿔드립니다.
\*이 시집은 경기도, 경기문화재단의 지원을 받아 발간되었습니다.